JN310651

新島八重

スペンサー銃からバイブルへ　八十七年の軌跡

笹川壽夫

新潟日報事業社

新島八重
自宅(新島旧邸)にて(昭和7年・1932年)/同志社社史資料センター蔵

新島八重（左）（明治38年・1905年）日露戦争のとき大阪の予備病院で篤志看護婦を連れて看護活動に従事していたころの八重／同志社社史資料センター蔵

はじめに

会津の女性は、会津戊辰戦争の時に存在感を示した。それまでの、会津の女性の行動は、男性の影に寄り添うようにして日の当たる場所には決して現れてこなかった。それは、女性が表に出ることを極端に嫌う当時の会津においては当然のことだった。

ところが、会津戊辰戦争になると女性が表舞台に急に登場してくるのである。それも、今までの反動ともいえるような強烈な姿となって出てくるのだった。それはまるで、長い間抑えに抑えられてきた巨大なマグマがこの戦争を機にして一挙に噴き出したかのようであった。それも類型的なものではなく、非常に個性的であったことに人々は驚いたのである。

たとえば、多くの女性たちによる「集団自刃」というべき現象は、歴史上まれに見る悲劇であり、さらに娘子隊《じょうしたい》の中野竹子姉妹の男顔負けの戦いぶりや、鶴ヶ城籠城中における女性の活躍は、明治四十二年（一九〇九）の雑誌『婦人世界』などによって回顧談がよく語られるようになってくる。

さらに、これらの会津の女性たちの活躍は戦争の時だけでは終わらなかった。むしろ、戦後の会津女性が明治の新時代に目覚ましい自己主張をしたことは、衆目の認めるところであった。戦争の悲劇をバネとして戦後を生き延びた瓜生岩子《うりゅういわこ》、海老名《えびな》リン、山川捨松、若松賤子《しずこ》、そして新島（山本）八重などの会津の女性たちは、たくましくも行動的な人生を送ったのである。

なかでも、もっとも代表的な会津の女性として、新島八重を挙げることに異論はないだろう。二十四歳になった八重は、元籠《もとご》めスペンサー騎兵銃を肩に担いで鶴ヶ城に籠城した。彼女のこの特異な行動はいまだかつてない女性の姿として、人々の目に焼き付いた。

籠城して奮戦した八重はどのような環境で育ったのだろうか。また、落城後に京都に移り、キリスト教との出会い、同志社開校、社会奉仕事業への尽力など、兄・覚馬そして夫・新島襄との人生はどのようなものだったのだろうか。

本書では八重の八十七年の軌跡を追い、八重の生涯をわかりやすく記したいと思う。本書が八重を理解するうえでの一助になることを願うものである。

笹川壽夫

■表紙写真・表紙―洋装の八重（明治二十二年・一八八九年）撮影／裏表紙―新島襄と八重（本文56頁参照）

山本家の家系図

父・山本 権八

母・ 佐久

弟・山本 三郎

鳥羽伏見の戦いで戦死

山本 八重

八重は兄・覚馬から砲術を教わる

兄・山本 覚馬

後に別居

覚馬の妻・うら

覚馬の子・峰

明治九年（一八七六年）一月に結婚

夫・新島 襄

結婚後
新島 八重
◎八重子とも名乗った。

同志社・篤志看護婦

元夫・川崎尚之助

会津戊辰戦争後に離別

同志社設立に際し八重の兄・覚馬から助力を受ける

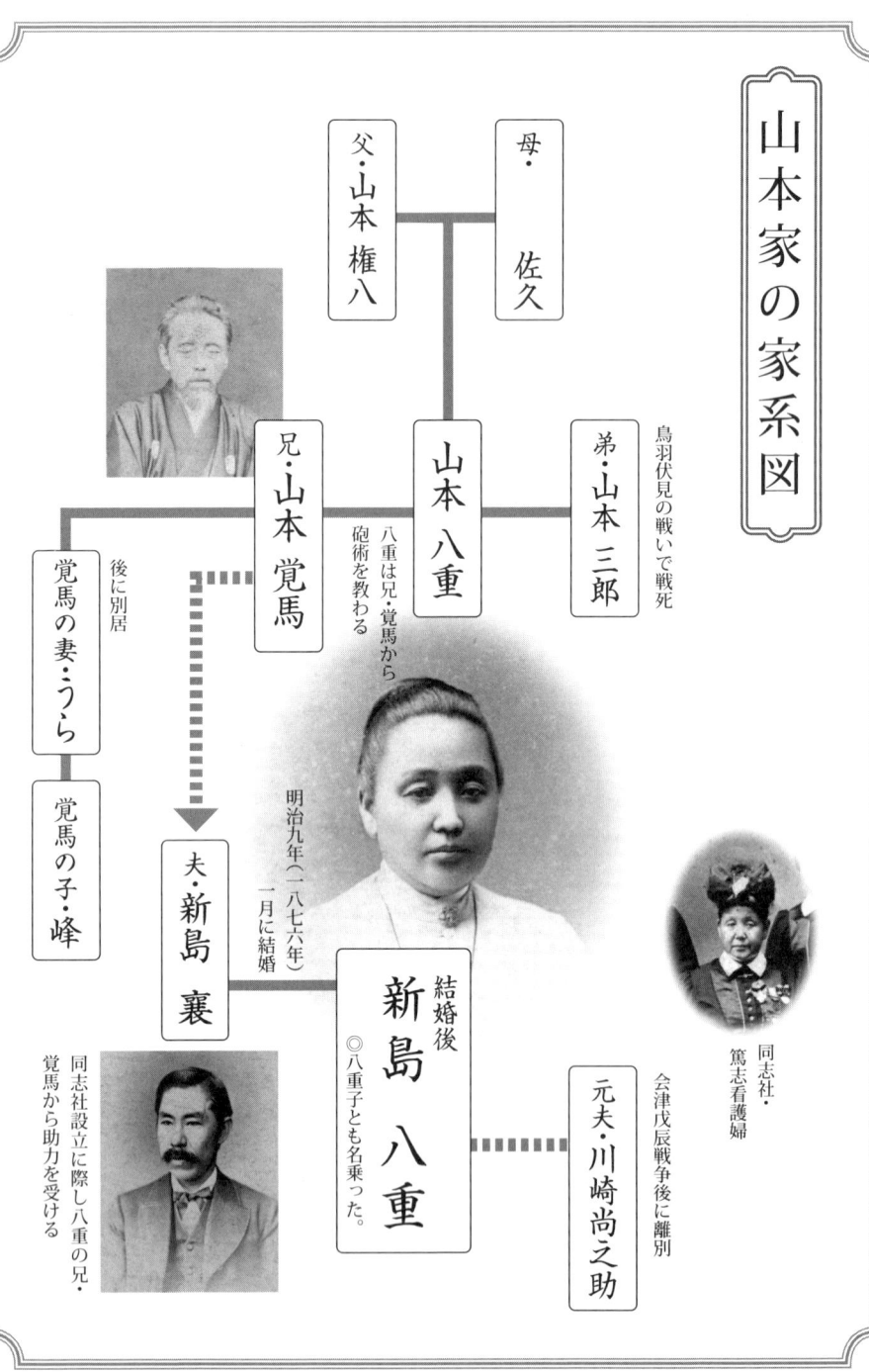

一、山本家の家族と兄・覚馬

新島（山本）八重は、弘化二年（一八四五）十一月三日、会津藩砲術師範・山本権八《ごんはち》、佐久の三女として若松城下、郭内米代《かくないよねだい》四ノ丁に生まれた。

山本家は、代々兵法家として会津藩に仕えた家柄だった。遠く甲州の武田信玄の武将、山本勘助の子孫とも伝えられるが確証はない。後に、会津藩に召し抱えられ、祖父・佐兵衛の代になって百石の禄高になった。その子、佐久が永岡繁之助（後に権八と改名）を養子に迎える。そして、文政十一年（一八二八）一月十一日に長子・覚馬が生まれる。覚馬は九歳で藩校日新館に学び、弓馬刀槍の武術四芸を学んだ。

砲術家の家柄

八重の家は元来砲術家の家柄で、当時は蘭学や砲術の重要性が叫ばれている頃だった。ちょうどその頃、嘉永六年（一八五三）、覚馬二十六歳の時、江戸勤番となった砲兵隊長林権助《ごんすけ》の随行に幸運にも抜擢《ばってき》され、三年間江戸で学ぶことができた。

まず大木衷城《おおきあいじょう》に蘭学を学び、砲術を佐久間象山《しょうざん》に学ぶことになる。この象山の学に触れたことが、覚馬の将来に大きな影響を与えることになった。覚馬は「これからは開国だ、海防が

山本覚馬・八重生誕の地碑は会津若松津市米代にある。実際の山本家は碑から50m程西方にあった

重要になる」という象山の考えに共鳴し、開国論へと舵《かじ》を切ることになる。また、黒船七隻を見る機会にも恵まれ、「攘夷より開国へ」の傾斜をさらに高めていくのであった。

特に今まで銃や大砲は身分の低い足軽の武器といわれてきたが、これからは「銃砲」の時代だと自覚してきた。そのためには、蘭学や数学を多くの藩士たちが学ばねばならぬと思って、安政三年（一八五六）に会津に帰ってくる。そして戻る際に、オランダ製のゲベール銃とヤゲール銃を江戸で購入してきた。

会津の女性教育

この覚馬の帰郷によって、その後の八重の

運命が大きく左右されてくるのである。当時の会津藩では、女性たちは男性のように学校の場で学ぶことがなかったし、なにより女性を学ばせるという必要性も会津藩は考えていなかったのである。そのため、女性の学ぶ場は家庭そのものであった。従って、家庭教育が女性の修学の場であり、父母きょうだいからさまざまなことを学んで幼年期を過ごしていた。ときには教師に十日に二日間ほど家庭に来てもらって手習いを教えてもらうこともあった。

ただ、裁縫などの技能的なものは、藩士の女性のなかでその道の達者といわれる女性に習っていたのである。会津の幼児教育、女学校創立に力を注いだ海老名リンの『手記』によると、海老名季昌《えびなすえまさ》（鶴ヶ城籠城戦中に家老となり、後に若松町長に就任）に嫁ぐ前に、リンは神尾鐵之丞の母ふさ子に学んで「此の先生は実に珍しき良婦人なり。此人に教育致されたる事共は一生の身のたからとも成ぬ」といっている。日向《ひなた》ゆきは『萬年青《おもと》』のなかで、「裁縫はその頃、山本覚馬の妹のお八重さんも高木へ来て一緒にお針を習ったものでございました」という。

このようにして裁縫のみならず女性としての礼儀作法をも身につけていたのである。また、八重の母親はいたずらに他人を非難したり現状の事態を嘆いたりすることなく、冷静で肯定的に考える力を持っていたという。

このように、会津藩の女性たちにとって、家庭環境によって人生が左右されるといってもよいくらいだったので、各家々には会津藩士の儒教の精神が色濃く浸透していたといってもよいだろう。それが、会津戊辰戦争の女性の行動となって表れるのである。

鉄砲への興味津々

八重も、砲術師の家庭の影響を強く受けたことは想像に難くない。その上、八重は幼い頃から身体頑健であった。十四歳の時、男の子と米俵担ぎの力比べをしても決して負けなかったという逸話も残っている。そんな腕自慢の八重にとって、おとなしく座って高木小十郎の母から裁縫や行儀作法を習うことほど苦痛なことはなかったようである。

半面、覚馬の持ってきた鉄砲には興味津々であった。父は最初女が銃を習うことにはそれほど感心しなかったが、兄は開明的な考えから八重に銃の使用方法を教えることに抵抗がなかった。

この銃を「角場《かどば》」という的場で八重は兄に教えてもらった。角(的)まで二十五間(約四十五メートル)の的を撃ち抜くのだった。八重は、撃つとき目をつぶるのでよく注意されたという。このように兄から銃の実戦操作の訓練を受けていくうちに、西洋の合理的な考えをも自然に身につけていったのである。銃の重さは三貫二百匁(約十二キロ)もあるので持つだけでも大変だったが、その時以来、彼女は日に日に銃の知識や撃ち方が急速に進歩してくる。隣家の伊東悌次《ていじ》郎《ろう》(白虎隊士として飯盛山で自刃する)にゲベール銃の撃ち方を熱心に指導するほどになっていた。

家老の家柄で会津戊辰戦争でも大いに活躍した山川大蔵と八重とは同じ年で三日だけ彼女の方が年上だった。男の子のような八重に対して彼は驚きの目で見ていたという。

保守的な藩士たちと戦う覚馬

一方、覚馬は、保守的で頑迷な藩士たちを説得し旧式な兵制を改めるように進言したが、古いしきたりを守ろうとする重臣たちの怒りを買い、禁足一年の罰を受けてしまう。しかし、砲術部の上司の林権助のとりなしで禁足を解かれ、ようやくその建言が採られるようになった覚馬は軍事取調役兼大砲頭取に任じられたのである。他藩でも洋式銃隊が創設されるようになり、日新館にも射撃場が設置される。さらにゲベール銃、ミュンヘル銃を買い付け、鍛冶屋に銃を造らせてもいる。

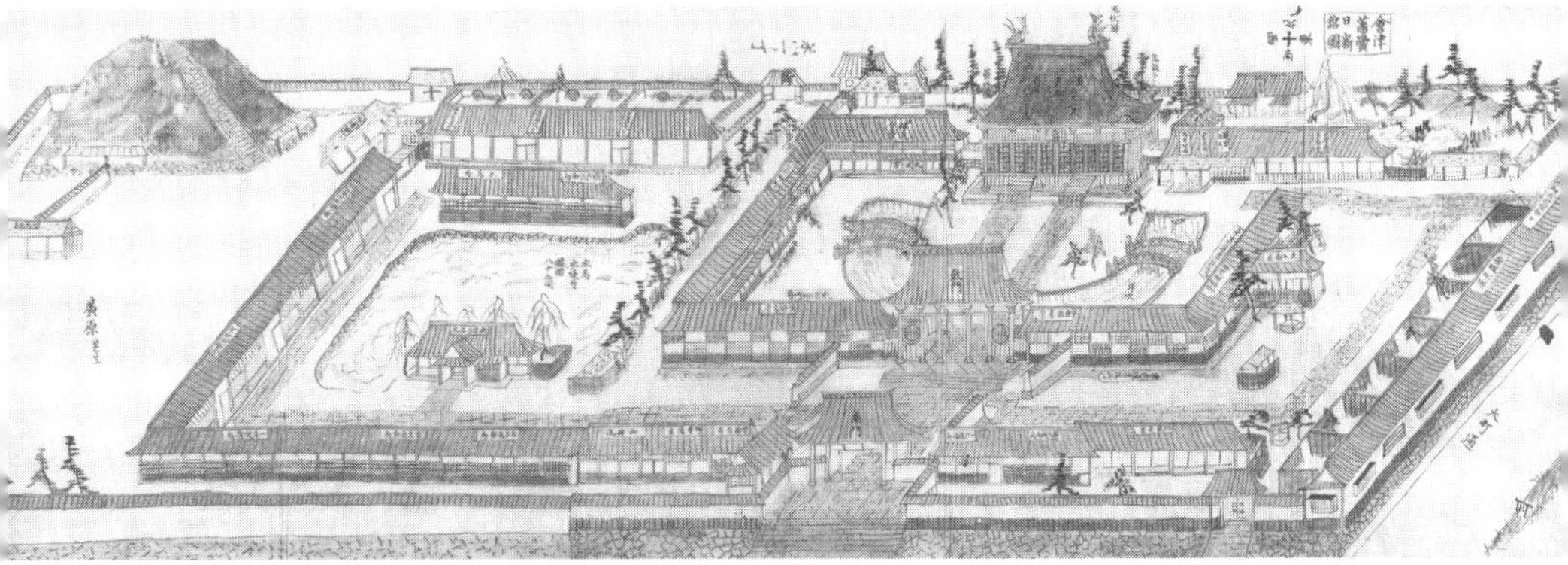

会津藩校日新館絵図／福島県立博物館蔵

日新館教授の図／絵師・土佐光貞（1738～1806年）が素読・礼法・居合・弓術・槍術・馬術・柔術・砲術の8場面を描いたものの1枚／福島県立博物館蔵

日新館天文台は今に残る唯一の遺構で、基底22m、台上方10m、高さ7m。八重の家の近くにあった

その後、日新館の改革により二十九歳の時、日新館の洋学師範として洋式の訓練を行うが、なかにはその指導にも反発する者もあって、なかなか十分に浸透されず苦労をしている。さらに、藩にある銃のほとんどは旧式の火縄銃であったため、新しい銃の購入も懇願していた。

この時期、江戸から連れてきた川崎尚《しょう》之《の》助《すけ》が覚馬をよく助けていた。彼は但馬の出石《いずし》藩の医者の息子で、蘭学と舎密《せいみ》（理学）を学んでいた。尚之助は洋書から学んで、応用して器械弾丸を製造したりしている。覚馬は尚之助の才能を買って、安政四年（一八五七）、会津藩のために必要な人物として連れてきたのである。これまでの通説としては、尚之助は藩士として取り上げられず、山本家の居候として過ごしていたという。さらにそれが後に藩を離れていくことにもなったともいう。

ところが、野口信一前会津若松市立会津図書館長は、川崎尚之助に関する新しい説として次のように述べている。

会津藩士であったことは確かであり、それは藩の分限帳に記されている。そこには「十三 扶持 川崎尚之助」とある。しかも先の通説を覆す新事実が判明した。戦後尚之助は立ち去ってはおらず、東京に謹慎幽閉されていたのである。

降伏後、籠城の藩士三二〇〇名余は、猪苗代を経て東京小川町講武所など七ヵ所、城外で終戦を迎えた藩士一七四〇名余は、塩川を経て越後高田の寺院へ移された。籠城組の尚之助は明治二年（一八六九）一月東京に送られた。その「東京謹慎人別」（松平家旧蔵）に尚之助の名が記されるのである。会津藩士以外の応援組は元の所属藩におくられているから、尚之助は会津藩士といって間違いない。

（歴史春秋社『詳解会津若松城下絵図』）

この新しい発見によって、今まで明らかにされなかった、後に八重の夫となった川崎尚之助のことがよく見えてきた。

川崎尚之助との結婚

文久二年（一八六二）には藩主松平容保が京都守護職になり、覚馬も上洛する。元治元年（一八六四）七月十一日、尊敬していた佐久間象山が京都で攘夷派により暗殺されたという報が覚馬に知らされ、これで公武合体が挫折することになり、開国の遠くなったことを嘆くことになる。それは、蛤御門《はまぐりごもん》の変の八日前のことだった。

蛤御門の変では、覚馬は大砲隊長として参戦し、長州勢がこもる邸宅の高い頑丈な塀を砲撃して打ち破るなどの働きをした。このことにより、銃砲中心の戦争の威力を示したのである。この頃から、覚馬は視力の衰えが目立ってくる。覚馬は慶応元年（一八六五）から二年にかけて、京都に「洋学所」を開設している。しかもここは会津藩士以外の者にも開放され、多くの他藩の者でにぎわった。

慶応元年夏に八重は川崎尚之助と結婚する。八重二十一歳。この結婚については諸説あるが、資料がなくはっきりしない。尚之助の才能を見込んだ長岡藩の河井継之助からの再三再四の要

蛤御門の戦図屏風絵(蛤御門合戦図六尺六曲一隻屏風)/会津若松市蔵
幕末に活躍した会津の民間画家、大須賀正光の作。先祖は蒲生氏に仕えていた。蛤御門の戦いを描いた本画のほかに「若松城下絵図」や「藩士大野ヶ原追鳥狩図」などの大作を残している

河井継之助／長岡市立中央図書館蔵

請に迷っていた尚之助を引き留めようとしたためという説もあるが、確証がない。八重と尚之助の間には艶《つや》やかな話はほとんど伝わっておらず、二人の共通の関心事である「砲術」を媒介にして接近していったとも推測できるが、これも確証がない。尚之助は、明治四年（一八七一）の廃藩置県になって東京で暮らすこととなる。

さらに問題となるのは、戊辰戦争後、八重との別れの事情である。二人の仲には心情的な面では互いに反することはなく、何か外的に阻害する要素があったとしか思われない。それは八重が新島襄との結婚も話題にならなかった頃の明治六年に二人は再会しているが、八重は再会を懐かしがっているところからみてもその別れがどういうものだったかわからない。野口信一氏も尚之助が「なぜ八重と別れたのか、それを知る手立てはない」と言っている。

戦後は会津藩士とともに斗南《となみ》（青森県東部）に移り廃藩後は東京に住むことになるが、詳しい経緯はわからない。ただ、尚之助は貧しく三度の食にも事欠いていたが、この時彼から砲術を学んだ米沢藩士小森沢長政が助力していたという。

二、八重と会津戊辰戦争

慶応四年八月二十三日

慶応四年（一八六八）旧暦八月二十三日。西軍が若松城下に侵攻してきた。この日こそ会津人にとって忘れることのできない日となった。

城中より左の如く令達せらる。「警鐘の合図あらば婦女子は入城すべし、但《ただし》着のみ着の儘《まま》たるべし。」ここに於て何れも決心の臍《ほぞ》を定め、毫《ごう》も取り乱したる形跡なき様にと各々家の中の整頓等に至るまでなし居たりしが。

（平石辨蔵『会津戊辰戦争』）

敵兵城に迫りたるは、極めて迅速にして、僅かに二三町を隔てたる家中の婦女抔《など》も入得ぬ程の急劇の籠城也しかば、城中糧食空しくて、只君家一時の食料白米六七俵に過ぎず…

（北原雅長『七年史』下巻）

会津戊辰戦争 西軍進行略図

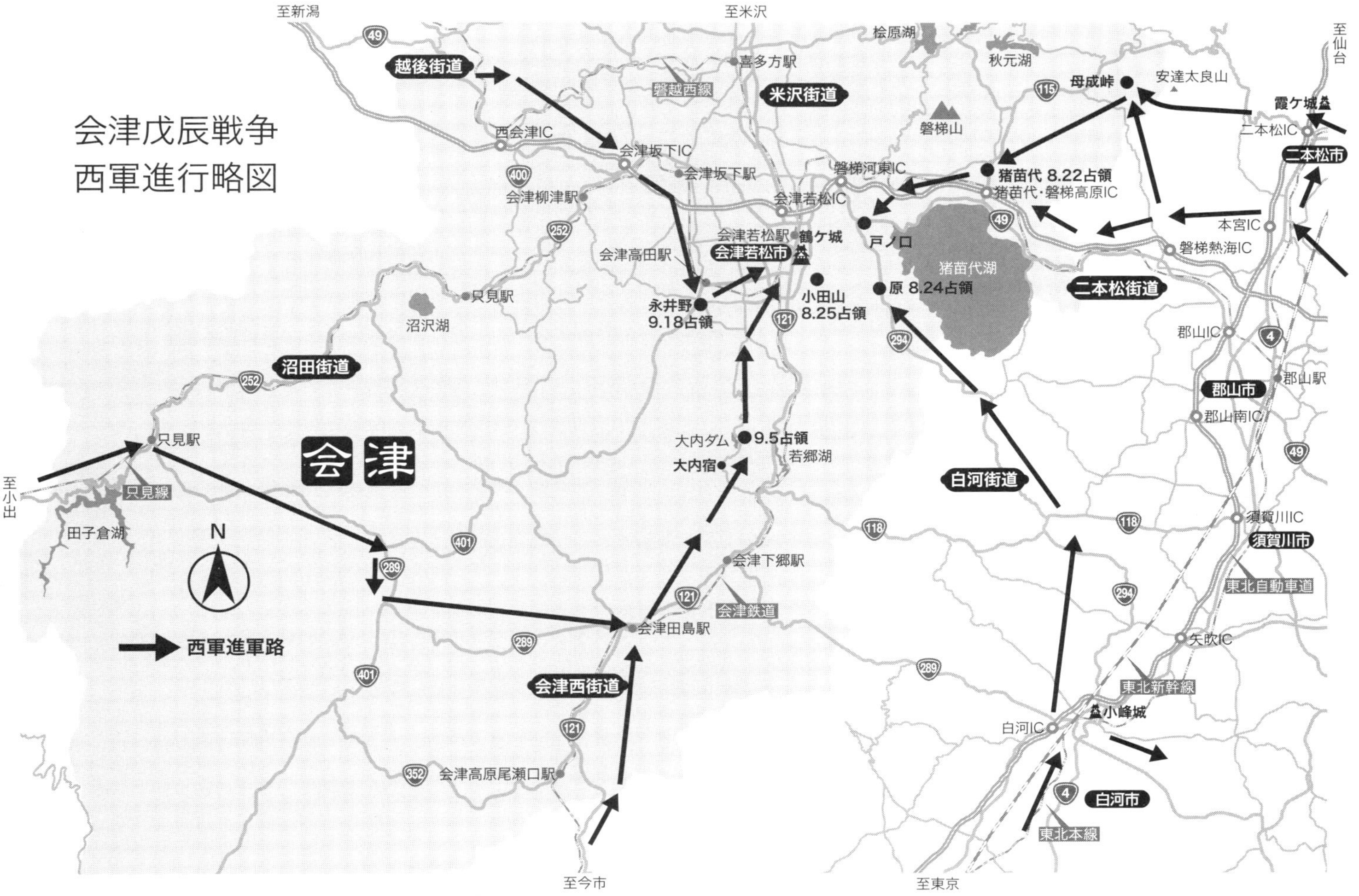

このように「警鐘の合図あらば婦女子は入城すべし」という触れが出ていたので、この八月二十三日は会津若松城下を混乱の坩堝《るつぼ》に巻き込んだ。当時の模様はさまざまな記録に残っている。その時体験した婦女子の回顧談が『婦人世界』明治四十二年（一九〇九）七月号に掲載されているが、その中の幾つかを述べてみると、

明治元年、わたしが十八歳の時、会津戦争が起きました。だんだん会津が攻められ、日毎に官軍の砲声が近くなりました頃「いざとなったらお城で早鐘をつくから、その時はすぐ城内に集れ」といわれておりました。八月二十三日の朝（五ッ時）頃だったでしょうか、早鐘が鳴ったので、支度をして行ってみましたが、その時は既に遅く、お城の門は堅く閉じられ、入ることはできませんでした。

（日向ゆき『萬年青《おもと》』）

その日は朝から雨が降って、何となく肌寒いやうな日でございました。私どもが家を出ましたのは、朝早《はよ》うございましたから、まだ朝飯前でございました。すると飯焚きの女が大層心配して、御飯を焚いてお櫃《ひつ》に入れ、雨が降りますので前掛を頭か

鶴ヶ城の東南にある小田山から望む会津若松。政府軍はここ小田山から鶴ヶ城へ砲弾を撃ち込んだ

會津戰爭記聞
肥後守容保
内藤助右衛門
梶原平馬

錦絵「会津戦争記聞」娘子軍の図(明治10年・1877年開版)／会津武家屋敷蔵
馬上の人物が松平容保公・周りに山川大蔵(後の浩)、娘子軍など現実にはあり得ないそろい踏みの錦絵。後方には押し寄せる板垣退助ら新政府軍が描かれている

ら被って、私どものあとからドンドン追いかけてまゐりました。そして、お櫃を城の門のところへおいて家へ帰って行きましたが、どうあわてましたものか、家へ帰って一生懸命お釜を洗ってをりましたさうです。

私はその頃、わづか十七歳の少女でございましたから、城中に何人ぐらい婦人がをったか、それさへ覚えてをりません。

（山川操子『十七歳にて会津籠城中に実験せし苦心』）

早鐘が打たれ時、藩士の婦女子たちは「どんな事があっても御城にはいれ。はいれぬなら自殺せよと言はれて居ました」（酒井たか『籠城中の思ひ出』）とか、「八月廿三日いくさは互に入りみだれ其時ハ実父新介大人においては病院に入れおかれしを見舞などしてをる内に大におくれ、城の内ハしまり、入る事叶はず其の口惜さは申すにこと葉なし」（海老名リン『思ひでの記』）というように非常事態の場合は婦女子は速やかに城内に入ることを固く言い渡されていたのである。

八重も同じようにこの日、お城に入る。その時の様子を八重は『男装して会津城に入りたる当時の苦心』（『婦人世界』明治四十二年七月号所収）に述べている。以下その生々しい様相を

会津戊辰戦争での活躍ぶりを思い起こさせるような軍装姿(明治34年・1901年頃)の八重。左に有名な八重の歌「明日の夜…」直筆。この歌を八重は何回も書いている／同志社社史資料センター蔵

引用してみる。

私の実家は会津侯の砲術師範役でございましたので、御承知の八月二十三日愈々《いよいよ》城内に立籠ることになりました時、私は着物も袴も総て男装して、麻の草履を穿《は》き両刀を佩んで、元籠《もとごめ》七連発銃を肩に担いでまゐりました。

他の婦人は薙刀《なぎなた》を持ってをりましたが、家が砲術師範で私もその方の心得が少少ございましたから鉄砲にいたしたのでございます。それに弟の三郎と申しますのが、その春、山城国鳥羽の戦で討死しましたので、その形見として着物と袴とが着きましたから、私は弟の敵《かたき》を取らねばならぬ、私は即ち三郎だといふ心持で、その形見を着て一は主君のため、一は弟のため、命のかぎり戦ふ決心で城にはいりました。

本邦初の女性砲術士

おそらく八重は銃を持って籠城し戦おうとした日本で初めての女性だった。ここではその意気込みを語っている。籠城では、女性たちの仕事は、弾丸を造ることと兵隊の糧食として握り飯を作ることだった。戦いが激しくなると負傷兵の看護も大きな仕事となっていった。

弾丸が不足すると、城中の婦女子たちは争って笄《こうがい》や簪《かんざし》などを納めてそれを原料とした。砲術に詳しい八重はその時、城内に落ちてくる鉛弾を拾い集め、老人たちに鋳型にその鉛を流し込めて弾を造らせ、その弾と火薬とを詰めて婦人や子どもに弾薬筒を製造させていた。その造り方は次のようだった。

小さく切った紙切れをひろげて、それを細かい竹筒に巻きます。さうすると、紙が筒形になりますから、紙の一方をチョッと捻って底を拵《こしら》へ、中の竹筒をスポッと抜きます。その中に弾を入れてその上に火薬を入れて、紙の上の方をまたチョッと捻ります。これを幾つも幾つも並べておきますと、十から十二三ぐらゐの子供たちが、皆それを持って、一生懸命に戦ってゐる兵隊のところへ運ぶのでございます。

（前掲『婦人世界』の新島八重子の回顧談より）

この籠城戦においては、いかに最新型のスペンサー銃でも弾丸の製造が難しかったので、弾丸の製造可能な先込め銃であるゲベール銃（雷管式）が用いられた。そのとき「日日弾丸一萬二千発を製作し開城の日に至るまで十九萬餘発を製作するに至れり。」［村井弦齋筆記、海老名季昌談、橋爪晒齋談」（平石辨蔵『会津戊辰史』）という。

そんな中で、乱れ来る砲弾に対して八重は、

官軍からの砲撃の激しかったことは格別で、時には御殿の中で破裂しますと、屋根を破って床板を刎返《はねかえ》し、土を掘るといふ有様でした。その刎返された床板は、五寸釘で打ちつけてあったくらゐですから、一旦かうなると、そこは足踏もできぬ有様でした。

九月十二日に、ある人が月見櫓で官軍の発した砲丸を数へてゐましたら、その日一日に、千二百八発あったといふことでした。

（前掲『婦人世界』の新島八重子の回想談より）

籠城中の八重の奮戦

明治学院の創始者の井深梶之助は会津の藩校日新館の学頭、井深宅右衛門の長男で、当時十五歳だった。その井深梶之助の八重に関する回想を『同志社交友同窓会報』61号の「新島八

重子刀自米寿記念号」に寄せている。その中には籠城中、八重を目撃したことが書かれている。ほかにはこの間の事情を述べた者がいないので、いささか長くなるが、挙げてみる。

時は前述の如く明治元年辰歳八月廿三日より九月廿三日迄の間の某日である。處は會津若松城の黒金御門と稱する天守閣附近の楼門の下である。即ち一ヶ月に亘《わた》れる籠城中、會津藩主宰相容保公が終始居所とせられた場所であるが、某日包圍攻撃が最も猛烈であって、砲弾が四方八方から飛来爆裂したころのこと一人の妙齢の女丈夫が藩公の御前に召されて、敵軍から間断なく城中打込み来る所の砲弾に就て説明を申上たのであった。その砲弾は四斤砲と稱して當時に於ては新式の利器であったのであるが、前述妙齢の女丈夫は敵軍から打込だが、着弾しなかった一弾を携へ来って、君公の御前に立て、之を分解して、その中に盛られた數多の地紙型の鐵片を取出して、此砲弾が着發すれば此鐵片が四方に散亂して多大の害を及す者である云々と極めて冷静に且流暢《りゅうちょう》に説明して、四坐《しざ》を驚かしたのは、誰あらう、當時芳紀《ほうき》まさに二十三才の八重子女史即ち本年米壽を迎へられた新島八重子刀自である。その時女史の服装は黒羅紗《らしゃ》筒袖ダン袋の男装であって、髪は斬髪であった。六十五年後の今日之を追憶し来れば、妙齢の一女丈夫が君公の御前に立って、いとも静かに四斤砲弾丸構成の説明を申上げた、その光景は今尚髣髴《ほうふつ》として、目前に浮び出で、絶間《たえま》なく頭上にも四方にも爆烈する耳を劈《つんざ》くばかりの砲撃さへも聞えるやうな心地して、感慨無量なるものがある。

ここでは、八重が藩主の前で、臆することなく冷静に分析的に話をしているが、大砲や砲弾の詳しい知識がなければできないことである。梶之助は八重の「女丈夫」という表現を繰り返して、少年時に垣間見た事実を述べているが、この目撃談は貴重な証言である。

また、このような砲弾が落とされる中、八重は命懸けで床に開いた穴に飛びつき、燃えている信管のついた砲弾を羽織に包んで持ち上げ庭の池へ投げたことがあったという。池へ投げ込まれた砲弾は、大音をあげて破裂し、高く水煙をあげたという。

後は防禦品《ぼうぎょ》を発明して蒲団を水に浸し置きて、弾丸の落るあれば、直に濡れ蒲団と大なる鍋とを持行き、吹出し居る弾丸の上に鍋をかぶせ、濡蒲団を以て壓《あつ》すれば、空気溜りて忽《たちまち》に消えたり。

（北原雅長『七年史』下巻）

会津軍小原砲隊大砲／白虎隊記念館蔵
会津軍の砲台は三の丸に据えられ、西軍の小田山の砲台と対峙した

四斤砲弾と焼弾／白虎隊記念館蔵
当時の砲弾は落下してから爆発するまで若干時間がかかるものが多かった。発火したまま落下する西軍の焼弾を城内の婦人たちはとっさにぬれ布団で覆って処理したという

会津藩鉄砲／白虎隊記念館蔵
会津軍の小銃はほとんど火縄銃か旧式のゲベール銃であったが、白壁塀に身を隠して銃眼から次々と発砲したため西軍は城門に近づくことができなかった

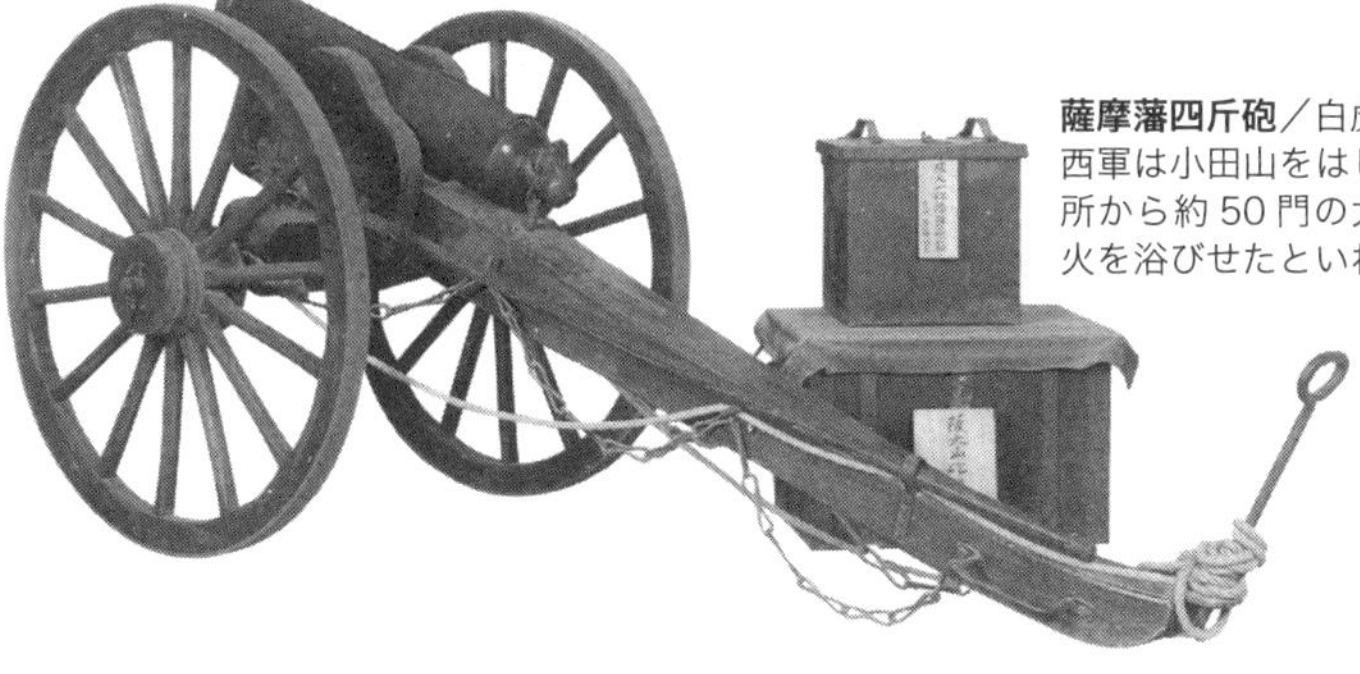

薩摩藩四斤砲／白虎隊記念館蔵
西軍は小田山をはじめ城下 7 カ所から約 50 門の大砲の集中砲火を浴びせたといわれている

これは、銃砲の知識のある八重の進言によるものだった。ところが、このような「焼き玉押さえ」は危険極まりないことで、山川大蔵（浩）の妻おとせは炸裂《さくれつ》を防げず、悲惨な最期を遂げている。

西軍の小田山陣地からの砲撃に対して、夫の川崎尚之助は鶴ヶ城の南、天神口でこの時城内に唯一配備されていた四斤砲で迎撃していた。八重も夫を助け、小田山の西軍の砲座に反撃を加えた。籠城戦において大砲を操る、川崎尚之助と八重の存在は大きかった。

大砲隊士戸板榮五郎、鯨岡平太郎及び川崎尚之助等野戦四斤砲を南門外天神口に装置して小田山仰撃す。西軍大に苦しむ。若松記、七年史、角秀壽談。

（平石辨蔵『会津戊辰戦史』）

とあるが、尚之助と八重の力によって、その反撃は相当成果を挙げている。しかし、尚之助は、微禄者だったので助っ人の存在しか認められなかったし、まして八重はいくら砲術家の家柄でも、女性であることからその活躍ぶりは、記録には表立って残されることはなかった。従って、その活躍ぶりは詳細には伝わっていない。しかし、婦女子といえども、八重の砲術に関する知識は相当なものであったから、井深梶之助の述べているように、藩主への砲弾丸の構成の解説にみるとおり、戦闘時には積極的に指導的役割を果たしていたものとみてよいだろう。

このような籠城戦の中で、八重はしばしば城内外で男装の洋服を着て銃砲を持参し撃ち合っている。「女の兵士に連なるは止まれよと人々に諫められけれども、進撃の折には忍びて必ず出たりけり」（『七年史』）と男勝りの戦いぶりであったが、不思議なことに八重はほとんど傷らしい傷を負わなかった。

一方、川崎尚之助は陣羽織に〈臣は死んでも大盃は避けず〉と書いて、会津藩のために尽している。彼にとって会津戊辰戦争の敗戦は衝撃であって、その後の生き方に大きな影響を与えたことは戦後の彼の行動によっても明らかである。

八重の父・権八の墓は会津若松市門田町一ノ堰の光明寺にある

八重の父、権八は若松城外の門田一ノ堰で同志十人と枕を並べて戦死している。半年ほどして改葬した時には、肉なお存して腹部の傷さえありありとわかったというほどだったという。権八の墓は会津若松市門田町一ノ堰の光明寺にある。享年六十一であった。

古写真若松城天守閣（東面）／会津若松市蔵
砲弾の雨に耐え、会津戊辰戦争直後に撮影された鶴ヶ城

錦絵「會津軍記」若松城降伏開城の図／会津武家屋敷蔵
若松城（鶴ヶ城）開城式に臨む。中央が松平容保公、右に東山道先峰総監府、参謀、板垣退助
この式は会津若松市甲賀町通りの路上で行われた

三、会津戊辰戦争後の八重

男装して落ち延びる

西軍が若松城下に侵攻して約一カ月後の九月二十二日、会津藩は鶴ヶ城を明け渡すことになった。その時、八重は「明日の夜は何国の誰かながむらむなれし御城に残す月かげ」の歌を詠んで三の丸の雑物庫（土蔵）の城壁に簪《かんざし》で刻んだという。

婦女子と六十歳以上、十四歳以下の男子は開城後の二十三日以後は自由になった。八重はこの時のことについて

妾《わたし》は戦死した弟の名前をつけ、山本三郎と称し、男装して検査をうけ、猪苗代に向かい出発したが、途中、西軍の雑兵共が妾を見て「ア、、女郎がいる…、女郎が行く…」と叫びつつ随いて来るので、うるさくてたまらず、隊の右に移り、左に転じ、或は列中に入りなどして、漸く猪苗代に着きました。

（前掲『婦人世界』の新島八重子の回顧談より）

と述べている。このように八重は藩士とともに猪苗代に拘束されるために行くが、女ということがわかって開放される。

そこで、母佐久、兄嫁うら、その子峰とともに女中の美代の実家に、身を寄せることになる。この疎開した先は塩川（喜多方市）周辺というが、はっきりわからない。しかし、そこは貧しい農家であった上に、敗戦後の混乱のさなかだったので、母佐久は縫い物の仕事をやり、八重は近所の子どもたちに読み書きを教え、兄嫁のうらは農家の下働きに出て、男たちに交ざって辛抱づよく家族のために必死に働いたという。

疎開した状況などについては、はっきりしないが、野口信一氏の最近の調査によれば、「会津居残り分の戸籍が旧北会津郡役所に残されている」という。それには、

二筆に分かれ一つは四人分で「山本権八妻六十二、娵《よめ》三十五、孫娘十、伯母六十八」それぞれ辛未（明治四年＝一八七一）時点での年齢が記される。娵（嫁）は覚馬の妻うら、孫娘は覚馬の娘みねである。伯母については不明である。そしてもう一つが「川崎尚之助妻 辛未廿七」これこそ八重その人である。この二家族は「羽前国米沢県管内・城下・内藤新一郎方出稼」と記されてある。

戸籍上の記載によれば、八重は戊辰戦争後、一時的であれ米沢（山形県）にいたことが判明されたのである。

幽閉中に覚馬『管見』を作成

一方、兄の覚馬は慶応四年（一八六八）三月に鳥羽伏見の戦いで薩摩藩に捕らえられる。故宮崎十三八の調査（『歴史春秋』三十一号）によると、「覚馬が薩摩藩に捕らえられた場所は、従来は京の蹴上《けあげ》であったが、これ（『薩摩藩慶応出軍戦状』）を見る限り、大坂ということになる」と述べている。

目が不自由だった覚馬は京都の薩摩藩屋敷に幽閉される。その時、会津藩の野沢雞一《けいいち》、松本清次郎、安住運次郎などと一緒だった。幽閉中は特に名を知られていた覚馬だけは特別待遇を与えられていた。慶応四年の三月に、国家存亡のときに国内で戦争していては列国の餌食となることを恐れるとともに、会津藩の不行き届きを謝罪し、公明正大な取り扱いを薩摩藩に建言している。

同じ年の五月に年来の持論の意見書である『管見』を作成し、「御役所」と宛て書きして提

同志社大学のチャペルにある山本覚馬の肖像画／同志社大学所蔵

出している。目の不自由な覚馬だったので口述して、野沢雞一（会津の野沢村＝西会津町＝出身）に筆記してもらっている。青山霞村の『山本覚馬伝』には「この意見書は先生がある時は臥しながら、ある時は蒲団にもたれながら（傍らの野沢雞一少年に）一字一句を話して筆記させ、次にそれを読ませて訂正し、脱稿したもの」とその間の事情を記している。

この『管見』は〈政体〉〈議事院〉〈学校〉〈変制〉〈国体〉〈建国術〉〈製鉄法〉〈貨幣〉〈衣食〉〈女学〉〈平均法〉〈醸造法〉〈条約〉〈軍艦国律〉〈港制〉〈救民〉〈髪制〉〈変佛法〉〈商律〉〈時法〉〈暦法〉〈官医〉の二十二項目からなる当時としては画期的な建言で、これを読んだ薩摩藩士をはじめ、岩倉具視《ともみ》たちを感動させたという。

特に〈学校〉では、人材教育を重視し政治の中心に教育を考えており、後に同志社学校の設立に関わることになるのは当然のことだった。また〈女学〉では子どもは母親に育てられるのだから賢明な母親の女子教育は重要だと説き、八重に少なからず影響を与えている。

京都府顧問の覚馬のもとへ

明治四年（一八七一）の夏に覚馬が生存していることが知らされた。覚馬は幽閉を解かれた明治二年四月には早くも京都府の産業振興担当の顧問になり、戦後の京都の復興に力を注いでいた。明治四年の十月、八重は母佐久と十一歳になった覚馬の子峰と一緒に覚馬を頼って京都へと赴いた。

ところが、覚馬の妻うらはこの京都行きを拒絶した。その理由はいろいろあるだろうが、これまでよく言われていることに、覚馬に内妻ができて、子どもまで生まれているということがうすうす伝わっていたことや、会津の田舎育ちのうらにとって都で生活するという、将来への不安もあったと思われる。

この京都での内妻は時恵（お時）といい、覚馬の中間《ちゅうげん》だった長平の知り合いであった。時恵は蛤御門の戦いで両親を失い、小雪と名を変えて御茶屋の芸妓見習いをすることになるという。その時に知りあって、目の見えない覚馬の介添えとして結ばれることとなったのである。その後、二人の間には久栄という女の子まで生まれる。

「女紅場」での活動

明治初頭には、京都でも西洋文明を修得するため、欧学舎という外国語学校が設立され、独・

仏・英の三カ国語を教えていた。さらに明治五年（一八七二）四月十四日（旧暦）には〈女紅場《じょこうば》〉が開かれた。正式には「新英学校及び女紅場」といい、これはわが国最初の公立女学校である。

当初は士族の娘だけが入学できたが、後に庶民も入ることができるようになった。修業年限は三年間で八歳から三十八歳の既婚者まで学んでいた。最初、入学生は七十八人であったという。ここでは〈英語〉〈裁縫〉〈機織〉〈養蚕〉〈刺繍〉〈書道〉〈和洋算〉などの科目を学ぶことができた。

これからは英語の時代だといつも言っていた覚馬の強い勧めで八重はここで英語を学ぶことになる。さらに出頭女（教師）となり（月給三円か三円五十銭）、養蚕や書道などを教えることとなる。その後、京都府顧問、山本覚馬の妹ということから信頼され、副舎長兼教師として働くことになる。職員をみると一等舎長に会津人の蘆田鳴尾《あしだなるお》がなっている。

このように京都は京都大参事（府長）の槇村正直《まきむらまさなお》の手によって、西洋化が進んでいった。覚馬は槇村のよき助言者として信頼され、「先生」と呼ばれ尊敬されていた。ところが、中央政府と対立して槇村が逮捕されて東京へ送られるという騒ぎが起こった。

川崎尚之助との再会

槇村正直逮捕の件で明治六年（一八七三）八月に兄・覚馬の介添えとして八重も東京に行き、三カ月を過ごした。槇村は敗訴して拘禁されてしまうが、覚馬は岩倉具視、江藤新平、木戸孝允、伊藤俊輔らを説いて回っている。

この時八重は五年ぶりに川崎尚之助と再会する。八重と覚馬は尚之助が浅草に住んでいる噂を聞きつけて急いで訪れる。尚之助は子ども相手に手習いの師匠をしていた。頬がすっかりこけて昔の面影のなくなった姿に八重は哀れを誘われた。覚馬はしきりに京都に来ることを勧めたが、尚之助は固く拒絶するのであった。八重も昔を懐かしみながらもどうしようもなかった。二年後の明治八年六月、尚之助の訃報が届いた。享年三十九。尚之助は浅草の今戸町、称福寺に葬られているという。赤貧にあえいだ尚之助が残した歌がある。

このころは金のなる木のつなきれて
　ぶらりとくらすとりごえの里

会津戊辰戦争後、プッツリと緊張の糸が切れた尚之助の生き方がにじみ出ている。

飾りのついた帽子をかぶった洋装姿の八重(明治21年・1888年11月撮影)
／同志社社史資料センター蔵

四、キリスト教へ傾く八重

明治五年（一八七二）に、覚馬は当時大阪にいたアメリカン・ボードの宣教医ゴルドンからウィリアム・マーティン（中国名、丁韓良）の中国語で書かれた『天道溯源《そげん》』（キリスト教の教理書）を贈られ深く共鳴し、キリスト教こそ日本人の精神と進歩を促進する基になると思うようになった。そのことによって、後に同志社学校を創設することになるのである。

八重は覚馬の影響を受け次第にキリスト教に親しむようになり、この宣教医のゴルドンから聖書を学ぶことになる。そして、ゴルドンから新島襄が大阪でキリスト教に基づいた学校設立を準備していることを聞かされた。

新島襄の人物に魅力を感じる

新島襄は天保十四年（一八四三）、安中藩（群馬県）藩士に生まれ、元治元年（一八六四）六月十四日、脱藩して函館港からアメリカ船で上海・香港を経て翌年七月、ボストンに到着した。船中ではジョセフという名でボーイとして働いた。ボストンの実業家ハーディに引き取られ、そこで洗礼を受ける。アーモスト大学で自然科学を学び、その後、アンドバー神学校に入学し、明治五年三月、岩倉使節団の通訳となり、文部理事官の田中不二麿《ふじまろ》と一緒にヨーロッパ

新島襄／同志社社史資料センター蔵

諸国の視察もしてくる。これを契機に襄は日本へ帰国して伝道のみならずキリスト教精神による青年男女の教育の必要性を強く感じるようになった。

明治七年、宣教師として帰国した襄は、初め大阪を学校設立の場所と考え、アメリカで知り合った参議の木戸孝允の後援を受けた。しかし、大阪知事渡邉昇は学校を開校することは認めたが、アメリカ人の宣教師を教員とすることは認めなかった。そのような事情から大阪で開校することを諦め、京都の山本覚馬を訪ね協力を求めている。その時、襄はボストンのハーディに書簡を送っているが、その中で、

私は京都に着き、京都府知事とその顧問、山本覚馬氏とに面会し、学校創立の話をしました。両氏とも理学を教授する学校は同意ですが、キリスト教を伝えることは当分覚束《おぼつか》ないと思いました処、山本氏はすでにキリスト教に賛成していました。

（青山霞村『山本覚馬伝』）

と述べ、岡本清一もその著書『新島襄』のなかで襄は「覚馬の人物の大きさ、新しい時代を見る眼を持っているのに驚き、山本に会ったことは大きな収穫だった」といい、同志社の名は「学

八重と聖書研究会（昭和初期）／同志社社史資料センター蔵

校は目的を一つにする同志の結社であるというので、同志社と名づけられ、それは山本覚馬の発案だった」と述べている。

同志社英学校の開校

しかし、同志社英学校開設の噂が出ると、反キリスト教の運動が起こり、槇村知事に対し圧力をかけてきた。そこで「学校では聖書を教えてはいけない」という通告を受けてしまう。府の学務課の役人が視察に来た時、ドーンという教師が聖書を教えているところが見つかってしまい、裏は拘束されてしまう。女紅場から帰ってきた八重は覚馬の代わりに見舞いに行くようにいわれ、姪の峰を連れて裏に会いに行く。裏は「私は一向に気に留めておりません。同志社には神の御手があります」と言って、心配しないよう覚馬に伝えてほしいと八重に頼んでいる。

これを契機に襄と親しくしていた八重も女紅場の職を解かれることになる。しかし、八重はキリスト教の倫理道徳がこれからの女性の生き方の基となることを次第に確信していくのである。明治八年（一八七五）十一月二十九日、覚馬の協力により「同志社英学校」がいよいよ開校することになる。

なお、八重は、この槇村正直という人物について次のように述べている。


襄の話によると、槇村さんという人は、才物ではありましたが、一面嫉妬心の強い人でありましたので、同志社に、京都府の学校にもいない程、たくさんの外人を教師としておいていることが、気にくわないようでありました。それで、「新島は金もないのに、あんなに多くの外人を雇うことのできるのは、アメリカから金をもらっているからだ」ときつい反対がありましたので、宣教師を雇う度ごとに、東京まで交渉に出かけなければなりませんでした。（永沢喜巳男編『新島八重子回想録』）

いいにつけ、悪しきにつけこの槇村正直には振り回されていたが、その影響は大きかった。

新島襄との結婚

八重は、京都府知事の槇村正直から新島襄を紹介され、互いに思いを同じくする同志として次第に固く結ばれていった。その間の事情を八重は回想して次のように述べる。

私が襄と婚約しましたのは、八年の十月でありました。その前から襄は度々槇村さんのところへ参って居りましたが、或る折、槇村さんは襄に向って「あなたは妻君を、日本人から迎えるのか、外国人から迎えるのか」と尋ねられました。襄は「外国人は生活の程度が違うから、やはり日本婦人をめとりたいと思います。然し亭主が、東を向けと命令すれば、三年でも東を向いている東洋風の婦人はご免です」と答えますと、「それならちょうど適当な婦人がいる。山本覚馬氏の妹で、今女紅場に奉職している女は、度々私のところへ来るが、その都度、学校の事について、いろいろむつかしい問題を出して、私を困らせている。どうだ、この娘と結婚しないか、仲人は私がしてあげよう。

(前述『新島八重子回想録』)

結婚当時の新島襄と八重／同志社社史資料センター蔵

八重が襄と初めて会ったのは、明治八年（一八七五）の四月頃、宣教医ゴルドン夫人からの紹介だった。八重はこの時、女紅場で女学校教育に努めていることを話すと、襄は関心を示し女紅場の見学をして興味と関心を表している。

その年、母の佐久も洗礼を受け、明治十一年から六年間、同志社女学校の舎監をつとめていた。このように山本家はクリスチャンホームを作り、新しい時代の中で生きていくことになる。そして明治八年の十月に襄と婚約し、翌年一月二日、八重はＪ・Ｄ・デーウィスから洗礼を受け、翌三日には新島襄と京都で初のキリスト教による結婚式を挙げることになる。

常識的でなかった八重

結婚して二年ほど経った頃、親族に難しい問題が起こった。襄はそれを許そうとしたが、八重は曖昧な解決に対して「臭いものに蓋をしてはならぬ」とはっきりと主張した。八重はもともと一度言い出したら他人の言うことを聞かないところがあって、襄から「お前の強情はお兄さんや槇村さんからきいていたが、こんなにひどいとは思わなかった」と苦笑交じりに言われていた。

襄と八重の性格を表す逸話としてよく引かれる話があるが、八重の『回想録』のなかから抜き出してみる。

裏は一体気の短い、怒りっぽい人間でありました。しかしどんなに怒っても、直ちに自制してしもうのは、真似の出来ないところでありました。或る時、学校に何か事があって、裏は大変心配して帰りまして「きょうは天気のよいのに雷が鳴りそうだ」私は何時も裏の機嫌の悪い時には、冗談を言うのでありました。「お前は何を言っているのだ」裏は不思議そうに、私の顔を眺めて言うのでありました。

（前述『新島八重子回想録』より）

八重は当時の常識的な女性ではなかった。同志社創立の頃から接していた堀貞一は「老姉は中々意志の強いお方で、一度基督教《キリスト》を信じられた上は容易に動く様な方ではないのです」（『同志社交友同窓会報』）という。

精力的に行動する襄の生活はまさしく多忙の連続だった。しかし、昼食は必ず家で取り、昼食に帰れない時は必ず伝言を頼むという八重への心遣いは忘れなかった。

裏は社会の変革によって女性の地位の向上には人一倍熱心であったが、自由民権運動で女たちが声を張り上げてアジテーションをすることは快く思っていなかった。「女は女らしくなければならぬ」といつも言っていた。一方では「今の多くの婦人のように因習に埋没することはよくないが、節度をわきまえないアメリカ婦人のようでも困るといって、結局イギリス女性が望ましい」といつも八重には語っていた。もちろん、襄にとっては八重こそが望ましい女性だったことは言うまでもなかった。

八重は夫のことを「愛夫」と言っていたが、当時は女性が「愛」という言葉を使って呼ぶことは珍しかった。また、襄は生徒を人格者として紳士として接し、八重に紹介するときも丁寧な言葉で話していたが、会津戊辰戦争で男勝りの活動をしていた八重は、このような襄の態度によって、人格が一層純化していったことは、言うまでもないことだったろう。

降りかかる八重への非難

京都の街での八重の姿はひときわ人目を引くものであった。当時、同志社創立事務所に勤務していた廣瀬源三郎は「寺町押小路にハイカラ店で買物に来た婦人があった。其姿が京洛婦人とは異った風采で店主と慣々しく語って去った。其後で何処の人かと問ふたら、あれが新島さんの奥さんですよ、と言はれ、その時初て八重子夫人を見て今に印象に在ります」（『同志社交友同窓会報』）と言う。

子どものいない八重はたびたび学生たちを招いて接待に努めたが、一部の学生からは反感を買われていた。その中でも、徳富猪一郎（蘇峰）、健次郎（蘆花）兄弟にとって八重は好印象を持たれなかった。彼らは八重の風采が日本人ともつかず、西洋人ともつかず、まるで鵺《ぬえ》のような姿だと悪評を吐いていた。

これは八重が、髪を真ん中から分けて西洋婦人のように大きな飾りのついた夏帽をかぶり、その上和服に靴を履いている格好がいかにもどっちつかずで不格好だったので、徳富兄弟は八重に「鵺」のようにそのアンバランスな曖昧さを感じたのであろう。

また、襄が八重の手をとって人力車に乗るのを助けるさまを見て「亭主を下僕のように使っている」と男女が同乗する不埒《ふらち》さを非難していた。徳富猪一郎は、尊敬する新島襄校長に対して八重が学生たちの前でなれなれしい態度を見せることに対して不満の態度をあからさまに示していた。さらに弟の健次郎は「脂ぎった赤い顔」「ねちねちした会津弁をしゃべる相撲取りの様に肥えた躰」と痛烈に批判してはばからなかった。（徳富蘆花『黒い眼と茶色の目』）

郵便はがき

951-8790

料金受取人払郵便

新潟中支店
承　　認

1076

差出有効期間
平成25年 2 月
28日まで
（切手不要）

新潟市中央区白山浦2丁目645-54

新潟日報事業社 出版部 行

アンケート記入のお願い

このはがきでいただいたご住所やお名前などは，小社情報をご案内する目的でのみ使用いたします。小社情報等が不要なお客様はご記入いただく必要はありません。

フリガナ お名前		□ 男 □ 女 （　　歳）
ご住所	〒 TEL.（　　　）　　－	
Eメール アドレス		
ご職業	1. 会社員　2. 自営業　3. 公務員　4. 学生 5. その他（　　　　　　　）	

●ご購読ありがとうございました。今後の参考にさせていただきますので、下記の項目についてお知らせください。

ご購入の書名	

〈本書についてのご意見、ご感想や今後、出版を希望されるテーマや著者をお聞かせください〉

ご感想などを広告やホームページなどに匿名で掲載させていただいてもよろしいですか。（はい　いいえ）

〈本書を何で知りましたか〉番号を○で囲んで下さい。

1.新聞広告（　　　　　新聞）2.書店の店頭

3.雑誌・広告　4.出版目録　5.新聞雑誌の書評（書名　　　　　）

6.セミナー・研修　7.インターネット　8.その他（　　　　　）

〈お買い上げの書店名〉　　　　市区町村　　　　書店

■ご注文について

小社書籍はお近くの書店、NIC新潟日報販売店でお求めください。店頭にない場合はご注文いただくか、お急ぎの場合は代金引換サービスでお送りいたします。

【新潟日報事業社出版部（販売）】電話 025-233-2100　FAX 025-230-1833

新潟日報事業社ホームページ　URL　http://nnj-book.jp

山本久栄(左)／同志社社史資料センター蔵
徳富蘆花の恋愛小説「黒い眼と茶色の目」の主役である山本覚馬の娘久栄

襄の家族へのきめ細かな思いやり

強烈な個性を持つ八重に対して、西洋風の女性への接し方を身につけていた襄は、八重に対してあくまでも優しくきめ細かな愛情を表していた。それが、新島襄の残した書簡の端々に見える。明治二十二年（一八八九）十二月十四日付の手紙には「かの口やかましき馬鹿ものどもに彼是云はれぬよう呉々《くれぐれ》も諸事にご用心下されたく候」とあるが、具体的には何を指すかは確かではないが、八重への中傷に憤慨している襄の態度が表れている。

なお、襄の手紙には、「信愛なる妻 八重様」「八重さま」と書かれていて、当時の男性では考えられない優しい態度が感じられる。

……この身を主基督に捧げ、かつ我が愛する日本に捧げたる襄の妻となられし御身ならば、なにとぞ夫の志と、かつその望みをも御察し、少々の事に力落さず、少々の事を気にかけず、何事も静かに勘弁し、また何事も広き愛の心をもてなし、如何《いか》に人に厭《いと》わるるも、人に咀《のろ》わるるも、またそしらるるも、常に心をゆたかに持ち、

新島家・前列左から父民治、母とみ、後列左から八重、襄、早逝した弟双六の養子公義
／同志社社史資料センター蔵

八重（左）と新島襄の母・とみ／同志社社史資料センター蔵

祈りを常になし、己を愛する者のために祈るのみならず己の敵のためにも熱心にいのり、またその人々の心の改まるまでもそのための御尽しあらば、神は必ずお前様の御身も、魂までも御守り下さるべし。

（岩波文庫『新島襄の手紙』明治十八年二月一日）

「少々の事を気にかけず、何事も静かに勘弁し、また何事も広き愛の心をもてなし」とあるように、八重の性格を実によく理解し、彼女への愛と心遣いがよくにじみ出ている素晴らしい手紙である。

この手紙は欧米旅行の際にしたためたもので、留守中「お前様も病人に相成りては病気の共ダオレに相成り」と八重をいたわり、襄の母親のことも「私の両親と思し召し、日本の癖としてしゅうととよめによき面をなさぬ事もあるべきも、返す返すも御忍び御つかえ下されたく」と言い「食事も柔らかな物をあげてほしい」と懇切丁寧に伝えている。

さらに、前述の書簡（明治二十二年十二月十四日付）でも「寒さの折ストーブをつけてくれ」とか「食べ物も甘きやわらかき魚類をあげてほしい」とか、きめ細かな要望を表している。なお、学生に対しては大切な人物として、書生が遊びに来たときは丁寧に扱えとも言っている。

このように、学生への対処や、母への孝養のことがしきりに手紙に出てくる。このことは、裏のキリスト教精神による人格尊重の姿を強く表しているといえよう。

八重の身に不幸は続く

明治十七年（一八八四）から二十年にかけて、八重と山本家にはさまざまな問題が起こり悩まされた。覚馬の後妻、時恵の不倫のことと、覚馬と時恵との間に生まれた久栄と徳富健次郎（蘆花）との恋愛事件とについては、諸説あってはっきりはしないが、それらの土台となっているのは蘆花の自伝小説『黒い眼と茶色の目』である。

この作品は大正三年（一九一四）蘆花四十七歳の時に出版された。神崎清は「告白文学、自らを鞭うつ痛烈な懺悔録」といい、「初めて自己の事実を語る自由をえたように思われたのである。彼の青春がよみがえり、この小説の中で挫折した山本久栄との恋愛を再経験した」（『明治文学集・徳富蘆花集』神崎清「徳富蘆花」傍線著者）と述べている。

まず、時恵の不倫問題であるが、これについて『黒い眼と茶色の目』では「總領のお稲さん（覚馬の長女・峰のこと）が又雄さん（横井小楠の子・横井時雄）に嫁いで、家督ときまった壽代《ひさよ》さん（覚馬の次女・久栄）が十四の年、山下家（山本家）では養嗣子にするつもりで会津の士人の家から秋月隆四郎といふ十八になる青年を迎へた。青年は協志社（同志社）に寄宿して、時々山下家に寝泊りした」とあって、その折、時恵とこの秋月隆四郎という人物との不倫騒動が起こったのである。

覚馬は「覚えがない」というが「永年の介抱をしみぐ〳〵嬉しく思った山下さん（山本覚馬）は宥《ゆる》して問はぬ心であったが、飯島（新島）のお多恵さん（八重）と伊豫から駆けつけたお稲さん（峰）とで否應なしに時代さん（時恵）を追い出してしまった。時代さんは離別となって山下家を去った」（『黒い眼と茶色の目』其一京都五　傍線著者）と書いている。

表向きの資料は残っていないし、また山本家の私的な醜聞だから、その事実がわからない。ただ、時恵の不倫の相手、秋月隆四郎なるモデルについては異論もあるようだ。丸本志郎はモデルになる望月與三郎の弟なる者が戸籍謄本から実在していないことを主張している（『憤りを発し老京都芦花を論ず』）。

また、時恵が芸妓をしていたことにも異議を唱えている。戊辰戦争の時、覚馬が小田時恵の家にかくまわれ、目の不自由な覚馬の身の回りの世話をしていたといい、蘆花の『黒い眼と茶色の目』の中で描写されていることと反対の説を強調している。（『小田時恵考』）

これは、河野仁昭によると「木戸孝允の妻松女と並び称された女で常に先生の坐臥進退をたすけた。府会へ出席の時も彼女が付添っていたのである」（『山本覚馬伝』）という青山霞村の影響を受けているという。

しかし、なぜか、八重と先妻の子峰が追放の急先鋒となったということに関しては反論が聞かれない。あくまで蘆花のこの自伝小説をほとんどの者がそのまま受け入れているが、明白ではない。蘆花の心情の底には「飯島（新島）先生の夫人のねちねちした会津辨」という八重と、「大まかな男の様な性質であった。会津の女だけに中々剛々で随分我儘」という峰に対してもともと反感の目があって感情的な面もあったと思われる。

それにしても、この不倫事件ではただ単にこの二人に対する批判がないからといって八重と峰が悪者とされていることに対して蘆花の見た目が必ずしも正しいとはいえない。「おそらく、同志社の最重要人物である山本家の醜聞であり、近い親戚には新島襄、横井時雄までいることで、すべて内輪の処置だけですませ、表立つことはさけたのではあるまいか」（『蘆花徳富健次郎』第三部）という、中野好夫の考えが今のところ妥当なものと思う。従って、事実を隠して内輪で穏便にすまそうとしたことが、八重と峰が悪者にふんしてしまったものと思われる。

さらに覚馬の長女の峰が明治二十年の一月に男の子を産んでから体調が思わしくなく、一月

明治19年（1886年）ごろに同志社に在籍した会津出身者と八重、中央が覚馬。最後列に松平容大（容保公嫡子）、八重・襄・兼子重光／同志社社史資料センター蔵

二十七日に二十七歳の若さで亡くなってしまう。その三日後には、襄の父、民治も亡くなるという不幸にも見舞われる。

同志社大学設立へ

襄は憲法が施行される記念すべき年（明治二十三年・一八九〇）に同志社大学を設立したいと口ぐせのように言って、資金調達に駆け回っていた。そのため、十万円の基金を集めるために病気を押して異常なまでに奔走していた。

その襄の姿を見て八重は案じながらも、それほど熱く望んでいる襄を阻止することはできなかった。しかし、襄の体は次第に衰弱していったのである。

明治二十年夏に襄は東北伝道の拠点となる仙台東

華学校の開校式に出席する。八重も襄に同行した。神戸港から六月十一日に船で横浜へ、横浜から東京まで汽車、白河まで馬車、福島へは人力車を乗り継いで六月十五日にようやく仙台に到着している。

さらに、七月三日には函館に着く。ここは、二十三年前の元治元年（一八六四）に国禁を犯してアメリカへと旅立った地で、襄は瞳を輝かせながら八重に出帆した思い出を熱っぽく語っていた。

新島襄との死別

明治二十三年（一八九〇）一月二十三日、新島襄が療養先の大磯の愛松園百足屋《むかでや》で、八重の左手を枕にしたまま四十七歳の波乱に満ちた生涯を閉じた。

八重は書記の永岡喜八から「襄危篤」の電報を受け取り、直ちに汽車に乗り大磯に向かった。そこには徳富猪一郎（蘇峰）と小崎弘道とがうつむいて深刻な顔をして座っていた。

八重の呼びかけに襄は「このたびの病は実に苦しい」とほほ笑みながら応え、「今日ほどあなたを待つのが長かった一日はなかった」という言葉に八重は感極まってわれを忘れて大声で泣いた。

女丈夫といわれた気の強い八重とは正反対に、襄は緻密で繊細な性格の持ち主だった。襄は八重にとっては全てを学ぶ大切な教師でもあった。

八重は、筆まめで余裕のない襄を誘って気晴らしに空気銃を撃って数取りをして過ごしたことを思い出していた。銃を射ることでは襄は八重にはどうしても勝つことができず、悔しがっていた襄の容貌が目の前に浮かんできて仕方がなかった。

新島襄の遺言

襄が八重、猪一郎、小崎を枕元に呼んだのは、夜明け近い頃だった。襄は「私は間もなく召されます」と言い、澄んだ瞳を上に向けて抑揚の無い声で遺言を語り、猪一郎に上和紙の罫紙《けいし》と筆を握らせた。

襄は同志社をはじめ、ハーディ夫人や三十人にも及ぶ内外の知己たちへ遺言を残している。八重には「私の死後、記念碑など建てないでほしい。一本の木の柱に《新島襄の墓》と書けば十分だ」と言い残した。

その間のことを明治文学全集『徳富蘇峰集』の年表の中では「この日、新島襄重体の報に急ぎ大磯に向い、二十一日新島夫人、小崎弘道と遺言したためる」と記録されている。

二十一日から三日間眠らずに過ごした八重は二十三日の深夜に襄の急変を感じ、襄のそばに寄り添った。襄は最期に「狼狽することなかれ、グッドバイ、また会はん」と言い残して、八重の手をしっかりと握りしめて四十七歳の生涯終えたのである。葬儀は一月二十七日に行われ、四千人の参列者の涙を誘った。

新島襄死後、明治二十五年（一八九二）三月の総長廃止（社長を置く）まで山本覚馬が同志社の臨時総長を務めたが、その年の十二月、覚馬は六十四歳で死去する。後半生は視力を失っていたが、新島襄や八重へ与えた多くの影響は、日本の近代化の一コマとして歴史に残る出来事でもあったのである。

日露戦争で看護活動をしていた頃の八重(中央)勲七等宝冠章を胸に着けている
(明治38年・1905年)/同志社社史資料センター蔵

五、社会奉仕事業への傾斜

八重の半生に大きな影響を与えた夫・襄の死は非常なショックだった。八重にとって偉大なる教師でもあった新島襄との別れはそれまでの八重の人生にはまったく経験のなかった重大事であった。さらに、二年後の明治二十五年（一八九二）十二月二十八日には兄・覚馬が六十四歳で亡くなる。この二人を相次いで失い、八重は激しく生き抜いてきた自分の人生がまるで燃え尽きたかのように感じざるを得なかった。会津戊辰戦争で、父・権八と弟・三郎を亡くして失意のまま京都にやって来てようやく新しい世界で活動しつつあったのに、今度は尊敬すべき大切な夫と兄とを失ったことはいかに強い精神力を持つ八重でもしばし忘れることはできなかった。

会津での戦争体験、そして京都でのキリスト教との出会いを経て、晩年の八重は第三の世界へと進むことになるのである。その世界とは「社会奉仕事業への献身的な行動」であった。

襄の亡くなった年の明治二十三年四月二十六日、八重は日本赤十字社の正社員となる。ここから彼女の社会奉仕事業が本格的に始まる。明治二十六年に京都で「日赤篤志看護婦人会」が設立される。

この「篤志看護婦人会」というのは、明治二十年に有栖川宮妃殿下《ありすがわのみやひでんか》の令旨《りょうじ》により佐野常民らが参加して二十九人の貴婦人たちの発起によって設立された婦人団体で、その目的は「此ノ会員ヲ教成シ又時トシテハ普通看護婦ト混用シテ以テ一般看護婦ノ位置ヲ高メヤウトセシモノナリキ」というものだった。それは看護の必要性と戦時救護活動を啓発することが主な目的だったのである。

看護婦の地位向上に尽力

その後、全国に支部が設けられ運動を広めていった。看護婦の仕事は重要な働きを要求されるのに、傷病人の単なる雑用係とされ、ともすると看護婦が蔑視される風潮を改善しようとする狙いもあったのである。彼女はこれに共感し積極的に活動していく。

明治二十七年（一八九四）八月、日清戦争が始まると、日赤は看護婦二十人を広島に送っている。これがわが国初の看護婦による戦時救護活動となったのである。八重は日赤京都支部戦時救護員として、看護婦二十人を率いて広島予備分院での救護活動に出発している。四カ月の間、八重は広島にとどまって看護婦取締の役目を果たしている。

この時、おそらく八重の心の中には、多くの犠牲者を出した会津戊辰戦争の籠城戦で、傷ついた大勢の藩士たちを看護した様子がよみがえったことだろう。

この看護活動によって今まで知られなかった「看護婦」という職業が一躍女性の人気職業となったのである。八重は明治二十九年六月に日赤の特別社員となり、日清戦争での功労と慰労に対して日赤から金製の指輪と感謝状を授与されている。

また、日清戦争終結後の明治二十九年十二月、戦時救済活動を奨励するために百余人の看護婦が一般人として初めて叙勲を受けることになった。八重は、高山盈《みつる》、大久保保晃《やすあき》などとともに、勲七等宝冠章と金七十円を下賜されている。

明治三十一年四月には、京都婦人慈善会幹事、十月には理事となって、この頃から慈善事業に積極的に力を尽くしている。翌年五月には、看護婦人会の看護学修業証書を得て、その一年後には看護学校の助教諭として看護に関する教育を施している。

明治三十四年六月には愛国婦人会京都支部創立委員となり、この頃、八重は何かと表に引き出されることが多くなってきた。

明治三十七年二月、日露戦争が勃発するや、六十歳になった八重は大阪の予備病院で二カ月間、篤志看護婦を連れて看護活動に従事している。そのため明治三十九年四月に勲六等宝冠章を受章し、初期の日本の社会奉仕事業のために大いに活躍していた。

これらの社会奉仕事業に献身したのはあくまで八重の自発的な活動であって、固い意志から

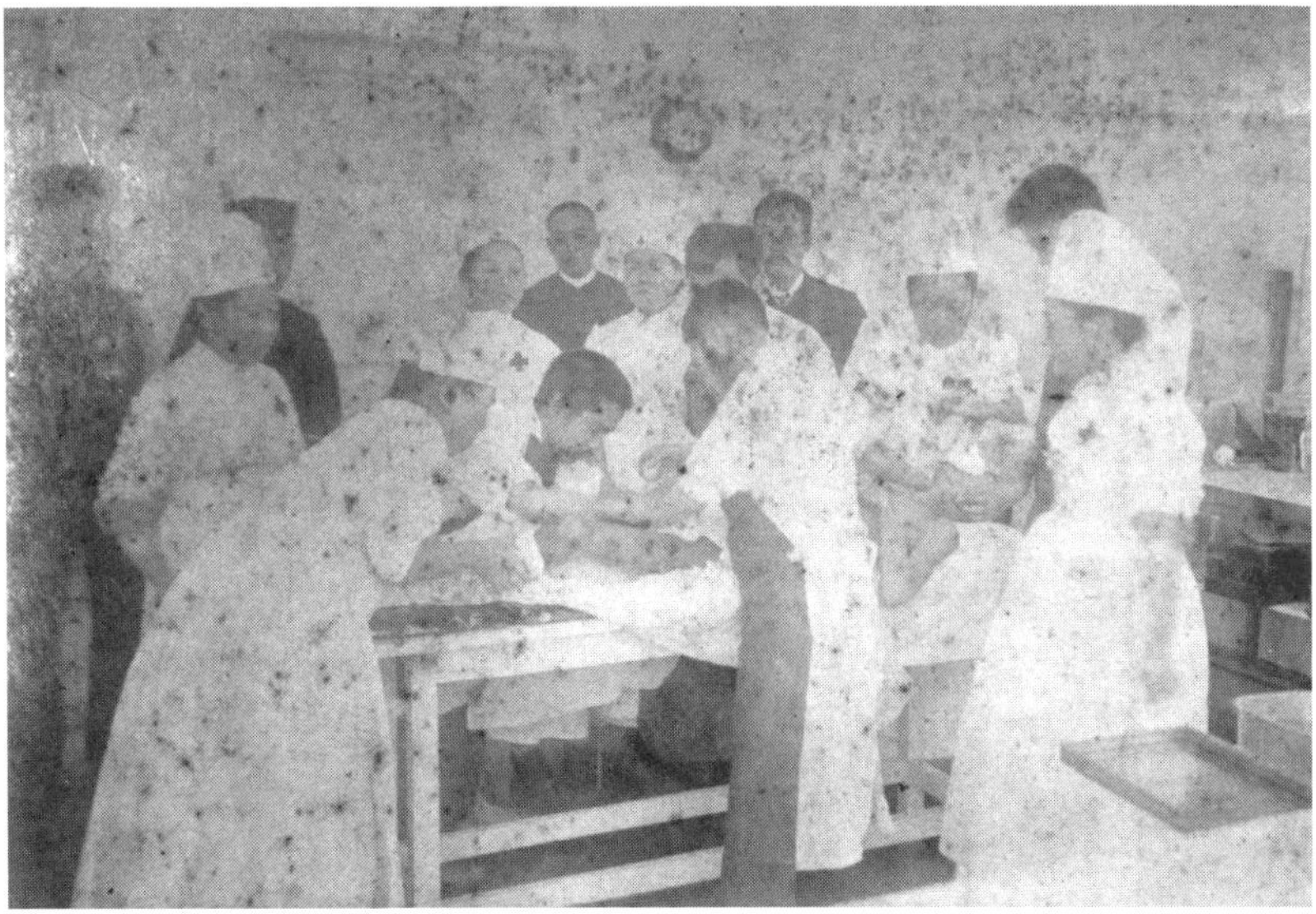
日清戦争での負傷兵の治療(明治28年・1895年)/同志社社史資料センター蔵

日本赤十字社看護婦(明治28年・1895年)/同志社社史資料センター蔵

八重は裏千家に入門し茶道の指導にも熱心であった／同志社社史資料センター蔵

生まれた彼女の人生を貫く生き方に関わるものだった。そこには会津戊辰戦争での救護活動や視力を失った兄・覚馬の介護などによって培われた基盤があったのである。

茶道をたしなむ八重

一方、プライベートの面では茶道に関心を持ち、円能斎（裏千家）に入門し裏の死後も茶道の修業を怠らず、四十年余もの間、宗竹という名で活動していた。ところが、茶道の友として交流のあった、建仁寺の竹田黙雷との関係を、八重は仏門に帰依するのではないかと邪推され、キリスト教界や同志社関係者の一部の者から疑念を抱かれたりもした。また、同志社のなかには因習を打破していく八重の行為を面白くなく思う者もいた。
それは八重の大らかな性格や進取の気性のもたらすものではあったが、生涯いろいろな面でしばしば誤解を与えることになったことは、彼女にとって不幸だった。しかし、八重と同志社との関係はそのような一時的な感情で左右される結びつきではなかった。

故郷、若松への回帰

八重はしばしば故郷若松を訪れている。明治十五年（一八八二）七月には八重と襄は、弟子の横井（伊勢）時雄（覚馬の娘峰の夫）と一緒に将来の伝道の足がかりとなる東北旅行に出かけるが、その時、若松を訪れている。白河までは馬車で行き、その先は馬に乗って滝沢峠から会津盆地へと下って行った。その折、八重は覚馬の最初の妻、うらと十一年ぶりに会って娘の峰のことなど話し合っている。

襄はその時の若松の印象をいろいろ挙げているが、なかでも「士族は無禄にして非常に貧乏」「市人は改進なく新奇のことなく旧態のみ」などと日記に書かれている。さらに明治十九年五月二十二日に東北伝道の途中、襄は再度若松に立ち寄っている。

旧会津藩主の松平容大が同志社に入学しているが「その決定には山本翁ならでは此の如き意見を進言し得た人は、旧藩士中他に一人も無かったであろう」（『同志社交友同窓会報』）と井深梶之助は述べている。

また、秋山角弥は、同郷人が新島未亡人である八重を呼ぶのに「新島のおばあ様」という言葉を用いていたという（八重は京都の同志社の人たちからは、当時としては珍しい「奥様」という呼びかけをされていたという）。そして、秋山は、若松との関わりについて次のように述べている。

昭和三年御大典の行はれようとする年の五月十六日、会津高等女学校の上級生が修学旅行として入洛しました折にも、おばあ様は八十四歳の高齢とも思はれない御元気で、黒谷西雲院の本堂において、寶冠章《ほうかん》を胸間に輝しながらいろ〳〵親切に少女達の為に有益な御話をして下さいました。その折舊《きゅう》會津藩の教科書「日新館童子訓」の巻頭語

夫れ人は三の大恩ありて、生を遂ぐるなり。父母これを生じ、君これを養ひ、

師これを教ふ。父母にあらざれば長ぜず、師にあらざれば知らず。父母の恩きはまりなきこと天地にひとしく、父母なくんば何ぞ我あらん。下略

と正に一頁餘《よ》の文句を一字も誤らず暗誦して訓話の材料とせられたのには實に驚嘆の外ありませんでした。

（『同志社交友同窓会報』）

晩年の八重は若松への懐旧の念が強く、この会津高等女学校（現・福島県立葵高等学校）の関西修学旅行の際、八重が殊更に会津女性の後輩たちに昔を回顧して訓話を垂れているのである。ただし、秋山角弥の文章の中では〈五月十六日〉となっているが、この年の会津高等女学校の学校日誌を見てみると、五月ではなく、六月六日から十二日に修学旅行が行われていたので、日付についてはおそらく秋山角弥の勘違いだったかもしれない。

さらに昭和三年（一九二八）という年は、会津人にとって忘れられない年でもあった。それは、旧会津藩主・松平容大《かたはる》の弟である恒雄（駐米大使）の娘・勢津子の秩父宮殿下との御成婚で沸き立っていたのである。九月には旧城跡で三万人が集まってお祝いしている。また、この年の十二月には青山霞村の『山本覚馬伝』が出版されている。

なお、同年に八重は会津高等女学校を訪れ生徒のために講話を行ったという。その折「ふる里の萩の葉風の音ばかり今も昔もかはらざりけり　八重子（八十四歳）」という歌の直筆の書を贈っているといわれているが、同校の昭和三年の学校日誌には学校で講話したことや、書を贈ったことなどの記事が残っていない。八重の訪問は大きなニュースであったはずなのに記載されていないことは不思議である。ある卒業生によると、歌の書はその年の修学旅行の際に、八重に頂いてきたのではないかというが、どうもはっきりしない。

現在、会津高等女学校の後身である葵高等学校には、八重の直筆の額一面と掛軸三幅が残っている。横書きで額に収められている書は「美徳以為飾」とあり、掛け軸三幅のうち、二幅は歌で、

ふる里の萩の葉風の音ばかり
　今も昔もかはらざりけり　八重子　八十四歳　筆

明日の夜は何国の誰かながむらむ
　なれし御城に残す月かげ　八重子　八十六歳　拙筆

福島県立葵高等学校（旧会津高等女学校）に保管されている額一面と掛け軸三幅。右の歌は落城のときに詠んだとされる有名な歌で、数多く書かれている。これは晩年のもので、落款の最後に「八重子八十六歳拙筆」と書かれている。「拙筆」と書かれているのはこれだけと思われるので非常に珍しい。

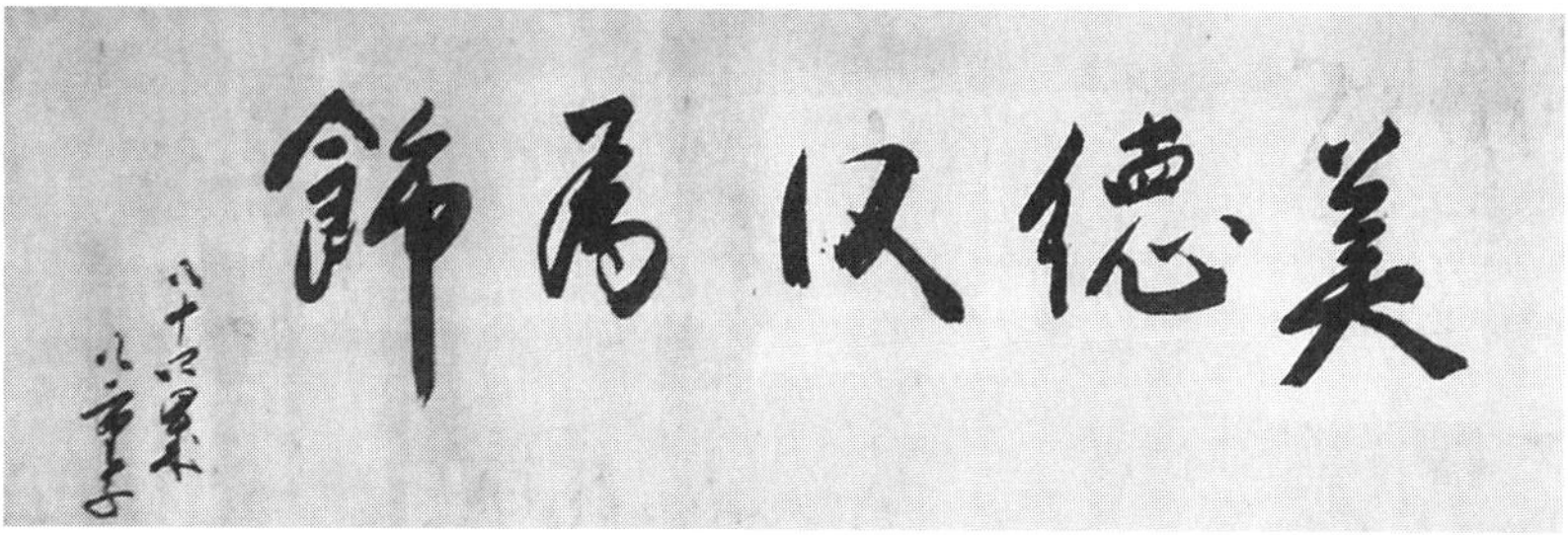

山本家の墓所がある大龍寺と八重直筆の墓碑

もう一つは、「萬歳 〻〻 萬々歳 八十四歳八重子」と揮毫《きごう》されている。その中でも「萬歳」の掛け軸はかなり古びており、どういういきさつで贈られたかは定かではない。さらに、「美徳以て飾と為す」の額も寄贈の経緯が不明である。

恐らく、これらは故郷の女性の活躍を期待する心や、若松をしのぶ晩年の八重の姿が投影されているのではないだろうか。さらにその後、昭和六年九月に若松を訪れているようだが、その折、山本家の墓所がある大龍寺（会津若松市東山町慶山）の先祖の墓を整理統合して墓碑を建てている。そこには直筆で「山本家之墓所」と記している。

懐かしき若松の面影をたどることがしきりとなった晩年の八重は、昭和七年四月十五日、米寿の年に静かにこの世を去ったのである。

八重の人生

二人の偉大なパートナーに恵まれた八重ほど幸せな女性はいなかったのではないだろうか。過激な行動には走らずに、幅広い分野で実学的な思想の実現を目指していた愛兄・山本覚馬からは砲術の手ほどきはもちろん、語学や西洋の開明的な知識を与えてもらった。愛夫・新島襄からは彼の生き方の根本思想であるキリスト教を通しての人格尊重の人生を学ぶことができたのである。

その底流に流れているのは会津藩の道徳教育であり、会津戊辰戦争での極限の体験でもあったのである。そして、八重のたくましい生き方はその頑健な体に恵まれたことも大きな要因となっている。

八重はただ単なる銃砲に秀でていただけの女性ではなかった。気性の激しい半面、極めて物事を分析的に見ることのできる冷静さをも持っていたのだ。会津戊辰戦争で籠城した時、井深梶之助が八重を目にした回想談からも察せられよう。それは、藩主容保公の御前で弾丸飛び交うなか、的確に冷静に砲弾丸の説明を言上している姿に表れている。

八重のことをわが国初の女性銃士、和製ジャンヌダルクと世の人は皮相的に名付ける。そして、旧会津藩士、柴四朗（東海散士）の著書『佳人之奇遇』の中でも八重らしき人物が銃を持って戦う姿が絵入りで描かれている。

八重はこのように強烈なインパクトを維新の時代に与えたが、彼女自身は歳月とともに変化していった。それは、新島襄という人物との出会いによって、彼女の荒々しい気性を純化していった姿であった。八重の後半生は、この襄とキリスト教とによってはっきりとそれを昇華させていったのである。だから、八重は激しく戦う女銃士から後半生の同志社や社会奉仕への道を歩んだのである。

八重は美化された人生ではなく、人間としての弱みも強みもかみしめながら波乱に満ちた世を送ったのである。だからこそ、この会津に生まれ育った一人の女性のたどった道に人々は深い共感と感動を覚えるのである。

おわりに

八重の生涯を語るにはあまりにも資料が足りない。特に京都に移るまでの山本家に関する資料が極端に乏しい。従って、今まで八重を述べるに対して、物語や小説という形式を取ったものか、それに近いものが多い。

最近でも、吉村康著『新島八重の生涯』(歴史春秋社)では「歴史物語」と銘打っている。同書のあとがきにも「新島（山本）八重の生涯を追いかけたのは、兄山本覚馬の生涯を綴る以上に骨の折れる仕事であった」と述懐しているほどである。

今後も戊辰時代の八重は、新しい資料の出現も望めず、八重の二つの回想録を主として語られていくしかないのだろう。一般的に見ても幕末までの女性の足跡をたどる資料は著名な女性は別として、どこでもなかなか表に出てこないのが通例である。従って、縁ある者の見聞によるものに頼らざるを得ない。

しかし、そこには半面、想像の入るべき余地があって、ドラマ化するには都合がよい。だからNHK大河ドラマのなかで、どんな新しい八重像が描かれるかは興味深い。

ただ特筆すべきは、八重が八十七歳の長寿を全うしたことにより、京都での彼女の後半生は記録に残され、八重の活動が明らかにされるようになった。

そこで本書では八重の二つの回想録—「男装して会津城に入りたる当時の苦心」（宮崎十三八編『会津戊辰戦争史料集』）と、永沢嘉巳男編『新島八重子回想録』を主に用いた。それは本人の口述によるものを重視したからにほかならない。

さらに、「同志社交友同窓会報61号」の八重子刀自米寿記念号での各氏の回想から八重の生涯をたどってみた。さらに会津高等女学校との関係についても若干触れてみた。

しかし山本家に関する私的なものは、徳富蘆花の自伝小説『黒い眼と茶色の目』に対するさまざまな反応があって、幾つかの憶測を呼びその事実にたどりつくには支障が多い。

あくまで本書は、八重の生涯の概略をわかりやすく述べようとしたものである。八重の波乱に満ちた人生の一面に触れていただければ幸いである。

平成二十四年（二〇一二）五月　　笹川壽夫

―参考文献―

『会津の英学』松野良寅著（歴史春秋社）一九九一年
『新島襄とその妻』福本武久著（新潮社）一九八三年
『會津戊辰戦史』山川健次郎監修（會津戊辰戦史編纂会・復刻）一九三三年
『會津戊辰戦争 増補 白虎隊娘子軍高齢者之健闘』平石辨蔵著（丸八出版部）一九一七年
『物語 妻たちの会津戦争』宮崎十三八編（新人物往来社）一九九一年
『会津会会報』二十号（會津會）一九二二年
『歴史春秋 31号』（會津史学会刊）一九九〇年
『会津鶴ヶ城の女たち』阿達義雄著（歴史春秋社）一九八一年
『会津戊辰戦争史料集』宮崎十三八編（新人物往来社）一九九一年
『幕末。明治に生きた会津の女性』（会津武家屋敷）一九八九年
『詳解会津若松城下絵図』野口信一監修（歴史春秋社）二〇一二年
『京都守護職始末』山川浩著（平凡社）一九六五年
『七年史 下巻』北原雅長著（マツノ書店・復刻）二〇〇六年
『会津おんな戦記』福本武久著（筑摩書房）一九八三年
『幕末銃姫伝』藤本ひとみ著（中央公論新社）二〇一〇年
『改訂増補山本覚馬伝』青山霞村著、田村敬男編、住谷悦治校閲（京都ライトハウス）
『新島八重子回想録』永沢嘉巳男編（大空社）一九九六年
『新島襄の手紙』同志社編（岩波書店）二〇〇五年
『心眼の人 山本覚馬』吉村康著（恒文社）一九八六年
『同志社交友同窓会報』新島八重子刀自米寿記念号61号（同志社交友会）一九三二年
『蘆花全集』（新潮社内蘆花全集刊行会）一九二九年
『蘆花徳富健次郎』中野好夫（筑摩書房）一九七二年
『蘆花日記一』（筑摩書房）一九八五年
『蘆花の青春　その京都時代』河野仁昭（恒文社）一九八九年

新島(山本)八重　年表

年号	八重の略歴	その他の事項
弘化二年(一八四五)	会津藩砲術師範 山本権八・佐久の三女として生まれる。 会津藩士の婦女子教育は、裁縫のみならず、武士の女子として、読み書きから礼儀作法に至るまで、家庭教師を招いた教育がなされた。 幼い頃から身体頑健で、十四歳の頃には、米俵担ぎでも男子に負けなかったと伝えられている。また、兄・覚馬が江戸から持ち帰った鉄砲に、興味を示したのもこの頃である。	天保一四年(一八四三)一月 新島襄が生まれる 嘉永六年(一八五四)ペリーが浦賀に来航 安政元年(一八五〇)日米和親条約 安政五年(一八五八)日米修好通商条約 安政六年(一八五九)安政の大獄 万延元年(一八六〇)桜田門外の変 元治元年(一八六四)蛤御門の変 第一回長州征伐
文久二年(一八六二)	藩主　松平容保が京都守護職に就く。覚馬も上洛。	
慶応元年(一八六五)	川崎尚之助と結婚。八重二十一歳(後に離別する)。	

慶応四年［明治元年］（一八六八）	一月　鳥羽伏見の戦い。戊辰戦争に入る。 八月　西軍、会津に攻撃開始。 　八重、男装して城に入る。 この籠城中、藩主に敵の砲弾を分解し内容を説明した。そのレベルの高さは一同を驚かせ、感心させた。西軍の小田山陣地からの砲撃に対し、夫である川崎尚之助の応戦。八重は砲撃を手伝い大きな成果をあげたと伝えられている。 九月　会津藩は城を西軍に明け渡し開城した。八重は、鳥羽伏見の戦いで戦死した弟・三郎の名前で、さらに男装し会津藩士と共に猪苗代へ出発した。しかし、途中で女であることがわかり、解放されて若松に戻る。	慶応二年（一八六六）薩長同盟が成立する 慶応三年（一八六七）大政奉還
明治四年（一八七一）	兄を頼って母佐久、覚馬の娘峰と京都に出発。覚馬の妻うらは会津に残った。明治五年には公立の女学校である女紅場が開校し、八重は副舎長兼教師となる。	明治二年（一八六九）版籍奉還 明治四年（一八七一）廃藩置県

年号	八重の略歴	その他の事項
明治五年（一八七二）	兄・覚馬は、宣教医ゴルドンから贈られた『天道溯源』を読んで深く共鳴する。	明治五年（一八七二）学制頒布。太陽暦を採用。福沢諭吉「学問のすすめ」
明治六年（一八七三）	川崎尚之助と再会。覚馬の上京に同行し、川崎が塾を開いている浅草を訪ねた。覚馬は川崎に、京都に来ることを勧めたが川崎は固辞し東京に残った。その二年後、川崎尚之助死去。	明治六年（一八七三）徴兵令公布 征韓論敗れ西郷隆盛ら下野
明治七年（一八七四）	新島襄、アメリカから帰国。新島は日本にキリスト教精神による教育の必要性を説き、京都の覚馬を訪ねる。	
明治八年（一八七五）	新島襄は、京都府知事・槇村正直と覚馬の賛同を得て同志社英学校を開校し初代社長に就任する。この頃、新島と八重との結婚の話が持ち上がり、婚約する。	
明治九年（一八七六）	洗礼を受け、新島とキリスト教による結婚式を行う	明治一〇年（一八七七）西南戦争に敗れ西郷隆盛自決。木戸孝允死去
明治一七年（一八八四）	一七年から二〇年にかけて八重の身辺と山本家にさまざまな問題が起こる。	明治二二年（一八八九）大日本帝国憲法発布 若松町制施行

明治二三年（一八九〇）	夫・襄が死去。享年 四七。 覚馬が同志社の臨時総長に就任。
明治二五年（一八九二）	兄・覚馬が死去
明治二九年（一八九六）	勲七等宝冠章を受章する。
明治三一年（一八九八）	京都婦人慈善会理事に就任する。
明治三四年（一九〇一）	愛国婦人会京都支部が創立。委員となる。
明治三七年（一九〇四）	日露戦争が起こり、六〇歳になった八重は大阪予備病院で看護活動をする。
明治三九年（一九〇六）	勲六等宝冠章を受章。
昭和三年（一九二八）	旧会津藩主・松平容保公の六男である恒雄（駐米大使）の娘・勢津子の秩父宮殿下との御成婚
昭和六年（一九三一）	大龍寺（会津若松市）の山本家墓所を整理総合して墓碑を建立。「山本家之墓所」と記す。
昭和七年（一九三二）	八重死去。享年 八七。

明治二三年（一八九〇）第一回帝国議会招集。教育に関する勅語発布

明治二七年（一八九四）日清戦争

明治三二年（一八九九）若松市制施行。岩越鉄道、若松—郡山間全通

明治三七年（一九〇四）日露戦争
岩越鉄道、若松—喜多方間開通

大正三年（一九一四）第一次世界大戦に参加

昭和二年（一九二七）金融恐慌

昭和六年（一九三一）満州事変勃発

昭和七年（一九三二）五・一五事件

八重の足跡をたどって会津若松市内散策

至49号線↑
会津学鳳高
会津若松警察署
太郎庵 会津総本店
白虎通り
一箕小
会津短期大学
旧滝沢本陣
白虎隊記念館
若松一中
蚕養国神社
マクドナルド
市営
P
観光案内所
白虎隊十九士の墓
飯盛山
64
若松一高
鶴ヶ城
行仁小
八角神社
大龍寺
いにしえ夢街道
千石通り
若松賤子の碑
日本基督教団会津若松教会
会津工業高
会津若松商工会議所
デニーズ
ヨークベニマル
若松二中
御薬園
64
県立病院
コジマ
カワチ
県立博物館
天寧寺
宗英寺
會津風雅堂
会津武家屋敷
西軍砲陣跡（小田山）
会津藩主松平家墓所
至東山温泉
實積寺
9代藩主・松平容保
恵倫寺
建福寺
善龍寺 なよたけの碑

新島襄と八重、七日町で宿泊

明治15年7月、新島襄・八重夫妻が初めて会津を訪れる。八重にとって10年ぶりの故郷訪問であった。27日に会津に到着し、七日町の清水屋旅館に投宿。土方歳三や吉田松陰、森林太郎（鴎外）も泊まった宿で、現在は七日町通りの大東銀行会津支店になっている。明治19年5月、新島襄は2度目の会津訪問をしている。

八重の父 権八が眠る光明寺

会津藩玄武士中伊与田隊・山本権八は戊辰戦争の際、門田一ノ堰で戦死。墓は門田町一ノ堰の光明寺にある。

著者略歴

笹川 壽夫（ささがわ としお）

昭和８年（1933）生まれ。会津高校、國學院大學文学部卒業。昭和31年から川口、坂下、大沼、会津、会津女子の各高校に勤務。白河女子高校教頭を経て、平成６年（1994）会津女子高校教頭にて退職。現在、会津史学会副会長。会津美里町文化財保護審議委員。

主な著書

『会津の文化』（歴史春秋社）『会津のお寺さん』（同）／『会津の神社』（同）／『会津やきもの紀行』（同）／『ふくしまの地名を拾う』（歴春ふくしま文庫）／編著『会津の寺―会津若松市・北会津村の寺々』共著（歴史春秋社）／編著『会津の寺―耶麻・河沼・大沼・南会津の寺々』（同）／編著『会津の峠　上・下』（同）共著『会津の歴史　上・下』（郷土出版社）／編著『ふくしまの文化財〈会津編〉』（歴史春秋社）

新島《にいじま》 八重《やえ》 スペンサー銃からバイブルへ 八十七年の軌跡

平成24年（2012）7月15日 初版第1刷発行
平成24年（2012）9月15日 初版第2刷発行
平成24年（2012）12月25日 初版第3刷発行

著　者　笹川 壽夫
発行者　木村 哲郎
発行所　㈱新潟日報事業社
〒951-8131
新潟市中央区白山浦2-645-54
TEL025-233-2100　FAX025-230-1833
http://www.nnj-net.co.jp/

制作・編集　歴史春秋出版株式会社
組版・印刷　北日本印刷株式会社

落丁・乱丁本は送料小社負担にてお取替えします。
定価は表紙に表示してあります。
© Toshio Sasagawa　2012 Printed in Japan
ISBN978-4-86132-500-7